Impressum
Verlag: BABADADA GmbH, Nedderfeld 112 , 22529 Hamburg
Geschäftsführer / Verlagsleitung: Harald Hof
Druck: Books on Demand GmbH, In de Tarpen 42, 22848 Norderstedt

Imprint
Publisher: BABADADA GmbH, Nedderfeld 112 , 22529 Hamburg, Germany
Managing Director / Publishing direction: Harald Hof
Print: Books on Demand GmbH, In de Tarpen 42, 22848 Norderstedt

escola

mekdep

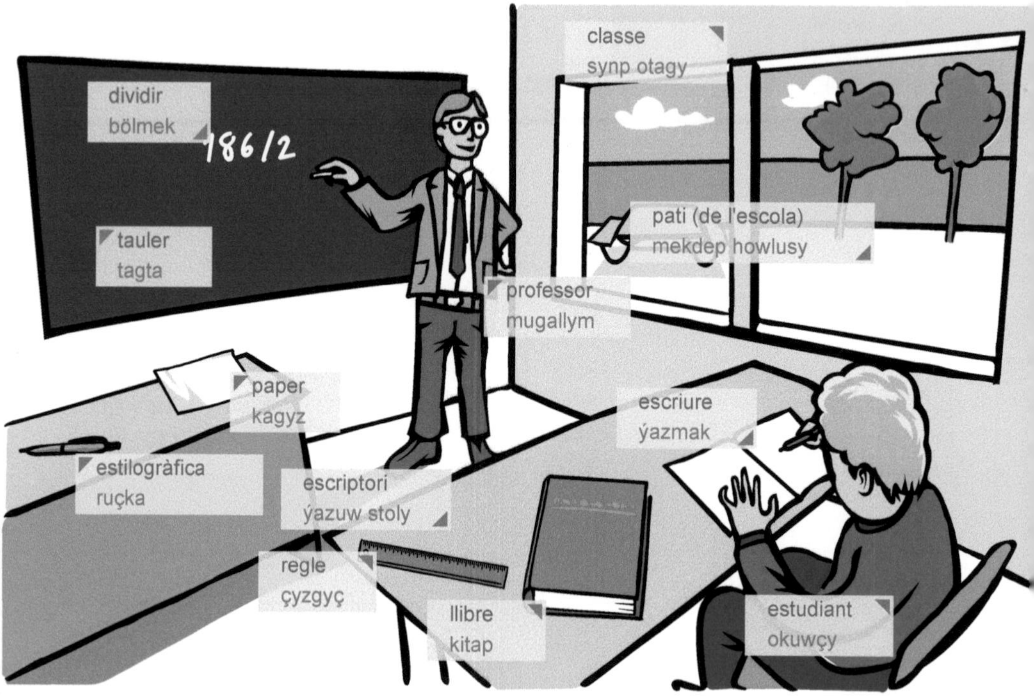

classe
synp otagy
dividir
bölmek
186/2
tauler
tagta
pati (de l'escola)
mekdep howlusy
professor
mugallym
paper
kagyz
escriure
ýazmak
estilogràfica
ruçka
escriptori
ýazuw stoly
regle
çyzgyç
llibre
kitap
estudiant
okuwçy

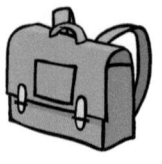

bossa
ranes

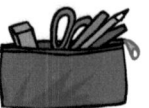

estoig
penal

llapis
galam

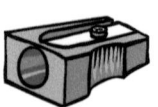

maquineta de fer punta
galam artylýan

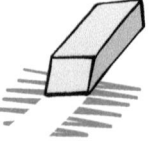

goma
bozguç

bloc de dibuix
surat çekmek üçin albom

dibuix
surat

pinzell
çotgajyk

capsa de pintures
reňkli guty

tisores
gaýçy

cola
ýelim

quadern d'exercicis
depder

deures
öý işi

nombre
san

afegir
goşmak

sostreure
aýyrmak

multiplicar
köpeltmek

calcular
hasaplamak

lletra
harp

alfabet
elipbiý

mot
söz

text
tekst

llegir
okamak

guix
hek

lliçó
sapak

llibre de classe
synp dergisi

examen
synag

certificat
diplom

uniforme escolar
mekdep lybasy

formació
bilim

enciclopèdia
ensiklopediýa

universitat
uniwersitet

microscopi
mikroskop

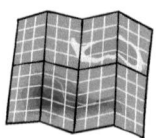

mapa
karta

paperera
kagyz üçin sebet

viatge
syýahat

hotel
myhmanhana
Grand
alberg
syýahatçylyk bazasy
EXCHANGE
oficina de canvi
walýuta çalyşmak üçin bent
maleta
çemedan
automòbil
awtomobil

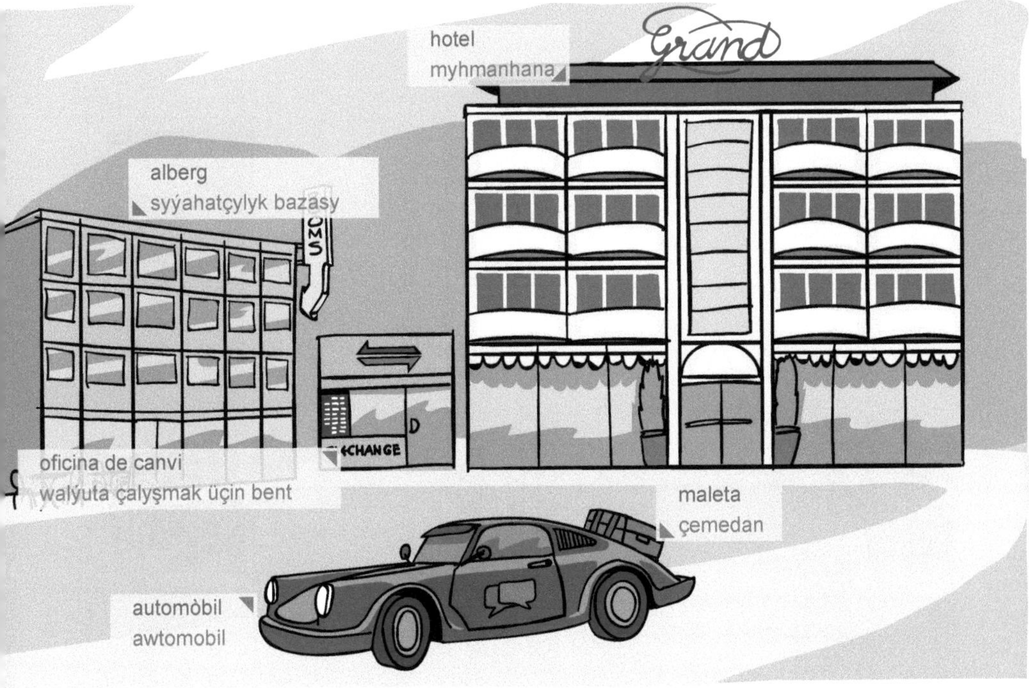

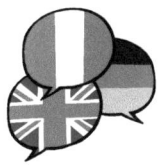

llengua

dil

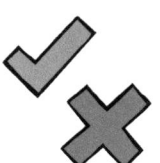

sí / no

hawwa / ýok

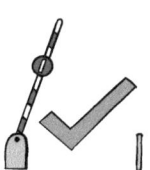

D'acord

bolýa

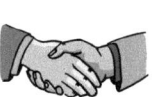

Ey!

salam

traductora

terjimeçi

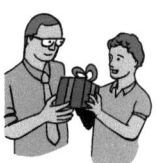

gràcies

Minnetdar

Quant costa… ?

bahasy näçe?

No entenc

men düşünmeýärin

problema

mesele

Bona nit!

Agşamyňyz haýyr!

bon dia!

Ertiriňiz haýyrly!

bona nit!

Gijäňiz rahat bolsun!

fins aviat

görüşýänçäk

direcció

ugur

bagatge

ýük

bossa

torba

sarrona

eginden asylýan torba

convidat

myhman

cambra

otag

sac de dormir

halta ýorgan

tenda

çadyr

oficina de turisme
syýahatçylyk maglumaty

platja
kenarýaka

carta de crèdit
karz karty

esmorzar
ertirlik

dinar
günortanlyk

sopar
agşamlyk

bitllet
petek

ascensor
lift

segell
poçta markasy

frontera
çäk

duana
gümrük

ambaixada
ilçihana

visat
wiza

passaport
pasport

transport

ulag

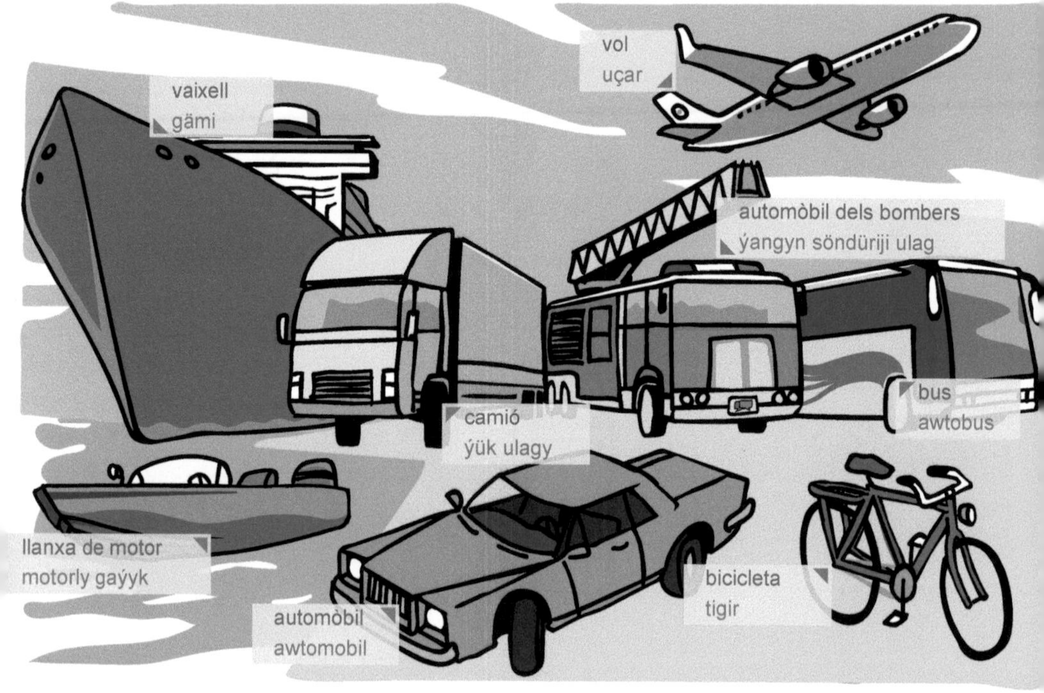
vaixell
gämi
vol
uçar
automòbil dels bombers
ýangyn söndüriji ulag
bus
awtobus
camió
ýük ulagy
llanxa de motor
motorly gaýyk
bicicleta
tigir
automòbil
awtomobil

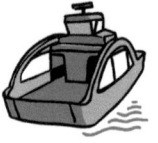

transbordador

parom

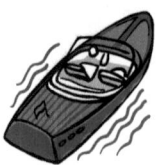

barca

gaýyk

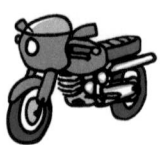

moto

motosikl

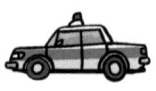

automòbil de policia

polisiýa ulagy

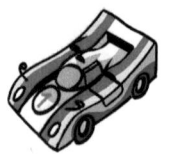

automòbil de curses

çapyşyk

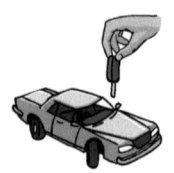

automòbil de lloguer

kärendä alnan ulga

vehicle compartit

ulagy bilelikde ulanmak

grua

tirkeg ulagy

camió de les escombraries

zir-zibil daşaýan ulag

motor

hereketlendiriji

benzina

ýangyç

benzineria

guýma

senyal de trànsit

ýol belgisi

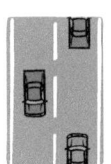

trànsit

hereket

embús

dyky

aparcament

awtoduralga

estació de trens

menzil

vies

seplem

tren

otly

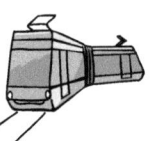

tramvia

tramwaý

vagó

wagon

helicòpter

dik uçar

aeroport

howa menzili

torre

minara

passatger

ýolagçy

contenidor

konteýner

capsa de cartó

guty

carretó

araba

cistella

sebet

enlairar-se / aterrar

uçmak / gonmak

ciutat

şäher

poble

oba

centre de la ciutat

şäher merkezi

casa

öý

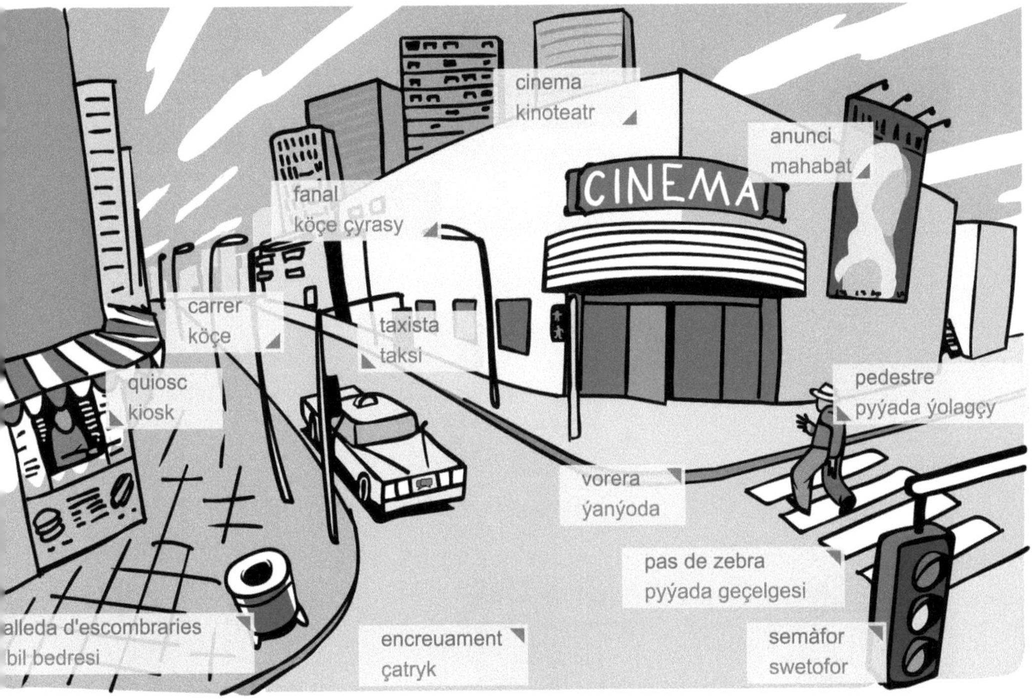

cinema
kinoteatr

anunci
mahabat

fanal
köçe çyrasy

carrer
köçe

taxista
taksi

quiosc
kiosk

pedestre
pyýada ýolagçy

vorera
ýanýoda

pas de zebra
pyýada geçelgesi

alleda d'escombraries
bil bedresi

encreuament
çatryk

semàfor
swetofor

cabana

kepbe

apartament

öý

estació de trens

menzil

casa de la vila-ciutat

şäher häkimligi

museu

muzeý

escola

mekdep

ciutat - şäher

universitat

uniwersitet

banca

bank

hospital

hassahana

hotel

myhmanhana

farmàcia

dermanhana

oficina

ofis

llibreria

kitap dükany

botiga

dükan

floristeria

gül dükany

supermercat

supermarket

mercat

bazar

gran magatzem

uniwermag

peixateria

balyk söwdagäri

centre comercial

söwda merkezi

port

port

ciutat - şäher

parc

park

banc

oturgyç

pont

köpri

escala

merdiwan

metro

metro

túnel

ötük

parada d'autobús

awtobus

bar

bar

restaurant

restoran

bústia de correu

poçta gutusy

senyal indicador

köçäni adyny görkezýän ýazgy

parquímetre

parkometr

zoo

haýwanat bagy

piscina

basseýn

mesquita

metjit

granja
ferma

pol·lució
daşky gurşawyň hapalanmagy

cementiri
gonamçylyk

església
buthana

parc infantil
çaga meýdançasy

temple
ybadathana

paisatge
landşaft

fulla
ýaprak

cartell indicador
ýol görkeziji

camí
ýol

prat
ýaýla

pedra
daş

excursionista
syýahatçy

arbre
agaç

ríu
derýa

gespa
ot

flor
gül

vall
dere

muntanya
dag

llac
köl

bosc
tokaý

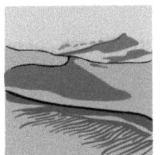

desert
çöl

volcà
wulkan

castell
gulp

arc de Sant Martí
älemgoşar

bolet
kömelek

palmera
palma agajy

moscard
çybyn

mosca
sinek

formiga
garynja

abella
bal arysy

aranya
möý

paisatge - landşaft

15

escarabat

tomzak

granota

gurbaga

esquirol

awusiýdik

eriçó

kirpi

llebre

towşan

òliba

baýguş

ocell

guş

cigne

guw

senglar

ýekegapan

cervo

sugun

ant

los

presa

bent

turbina

şemal generatory

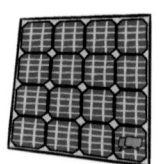

panell solar

gün batareýasy

clima

howa

restaurant

restoran

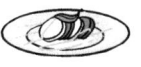

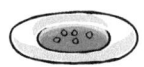

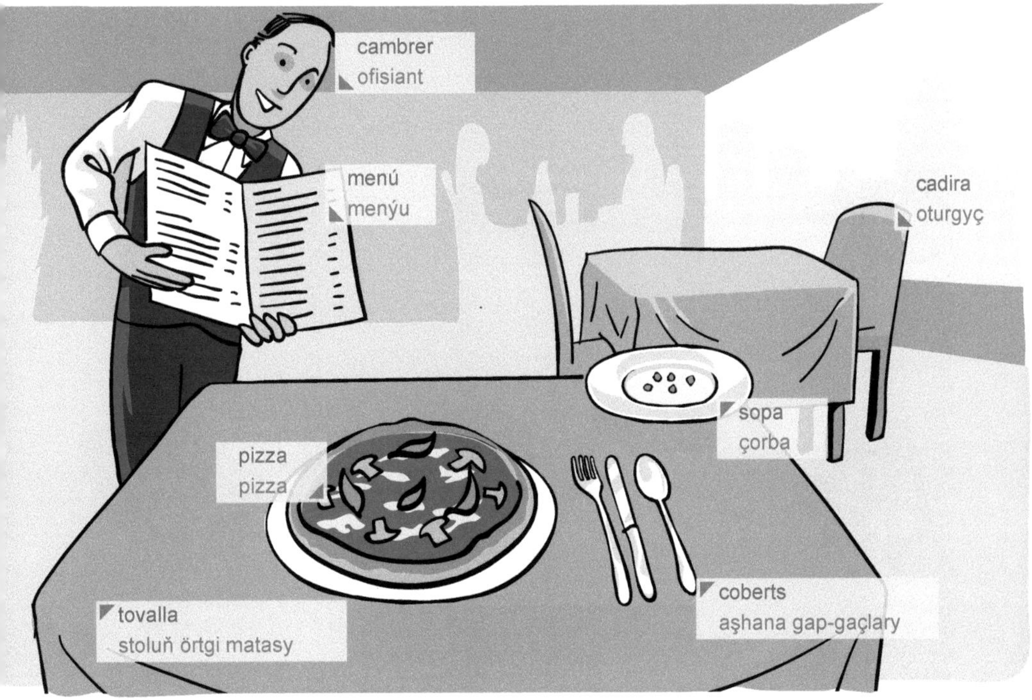
cambrer
ofisiant
menú
menýu
cadira
oturgyç
sopa
çorba
pizza
pizza
coberts
aşhana gap-gaçlary
tovalla
stoluň örtgi matasy

primer plat

garbanma

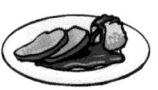

plat principal

esasy tagam

darreries

süýjülik

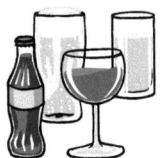

begudes

içgiler

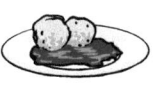

menjar

nahar

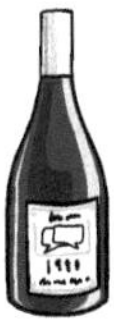

ampolla

süýşe

menjar ràpid

tiz tagam

menjar de carrer

köçe iýmiti

tetera

çäýnek, kitir

sucrer

şeker gaby

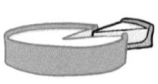

porció

porsiýa

màquina d'espresso

kofe gaýnadyjy

trona

çaga oturgyjy

factura

hasap

plata

mejme

ganivet

pyçak

forqueta

çarşak

cullera

çemçe

cullereta

çaý çemçesi

tovalló

salfetka

got

bulgur

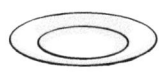

plat
tarelka

plat de sopa
çorba tarelkasy

plateret
tabajyk

salsa
sous

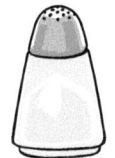

saler
duz gaby

molinet de pebre
burçy üweýji

vinagre
sirke

oli
ýag

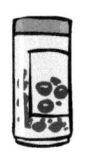

espècies
huruş

quètxup
ketçup

mostassa
gorçisa

maionesa
maýonez

supermercat
supermarket

oferta especial
ýörite teklip
FOR
client
alyjy
productes lactis
süýt önümleri
fruites
miweler
carret de la compra
satyn alnan zatlar üçin araba

BUTCHERS

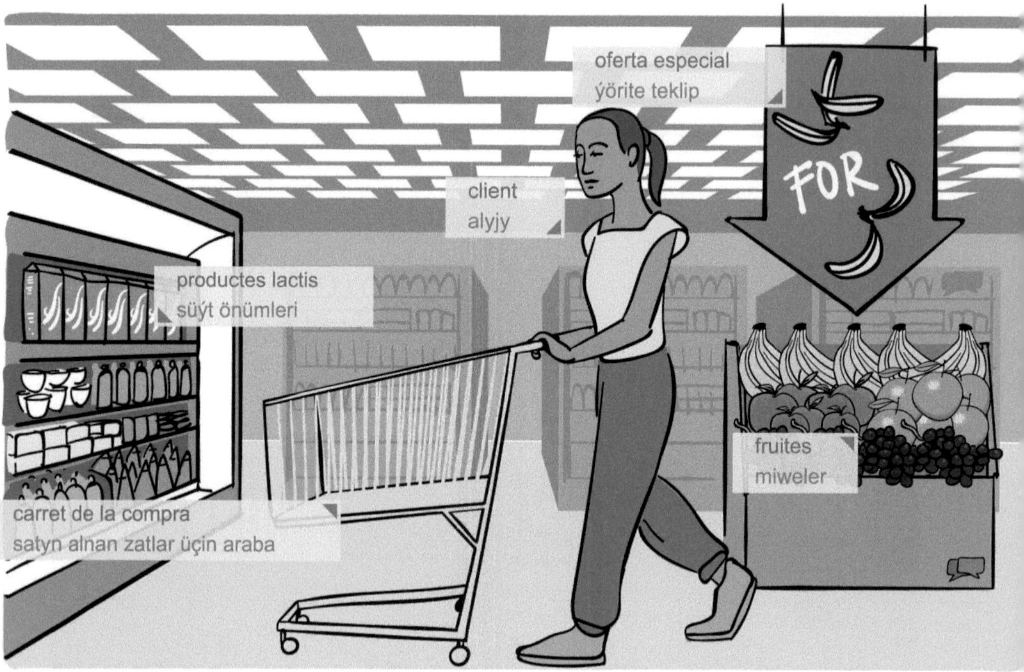

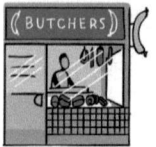

carnisseria

et dükany

BAKERY

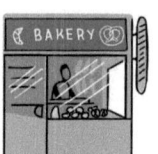

forn de pa

çörek kärhanasy

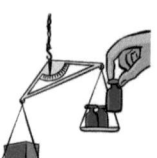

pesar

ölçemek

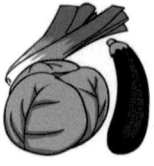

verdures

gök önümler

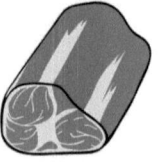

carn

et

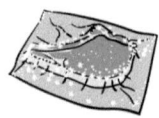

menjar congelat

tiz doňýan önümler

carn freda

kesme

conserves

konserwirlenen önümler

detergent en pols

kir ýuwujy toz

dolços

süýjülikler

articles domèstics

öýde ulanylýan zat

productes de neteja

ýuwujy serişde

venedora

satyjy aýal

caixa registradora

kassa

caixera

pulhanaçy

llista de la compra

satyn alynmaly zatlar

horari d'obertura

iş wagty

portamonedes

gapjyk

carta de crèdit

karz karty

bossa

sumka

bossa de plàstic

polietilen paket

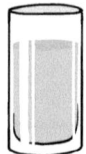

aigua

suw

suc

şire

llet

süýt

coca-cola

koka-kola

vi

wino

cervesa

piwo

alcohol

alkogol

cacau

kakao

te

çaý

cafè

kofe

espresso

espresso

cappuccino

kapuçino

banana

banan

poma

alma

taronja

pyrtykal

síndria

garpyz

llimona

limon

pastanaga

käşir

all

sarymsak

bambú

bambuk

ceba

sogan

bolet

kömelek

avellanes

hoz

fideus

un aş

espaguetis

spagetti

arròs

tüwi

amanida

işdäaçar

patates fregides

gowurylan ýer alma

patates fregides

gowurylan ýer alma

pizza

pizza

hamburguesa

gamburger

entrepà

sendwiç

escalopa

üweme

cuixot

wetçina

salami

salýami

salsitxa

şöhlat

pollastre

towuk

rostit

gowrulyp taýýarlanýan nahar

peix

balyk

flocs de civada

süle patragy

musli

mýusli

cereals

mekgejöwen patragy

farina

un

croissant

kruassan

panet

bulka

pa

çörek

torrada

tost

bescuits

köke

mantega

ýag

mató

dorog

pastís

pirog

ou

ýumurtga

ou fregit

heýgenek

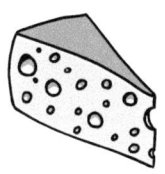

formatge

peýnir

gelat

doňdurma

sucre

şeker

mel

bal

melmelada

marmelad

crema de xocolata

nogully krem

curri

karri

granja
ferma

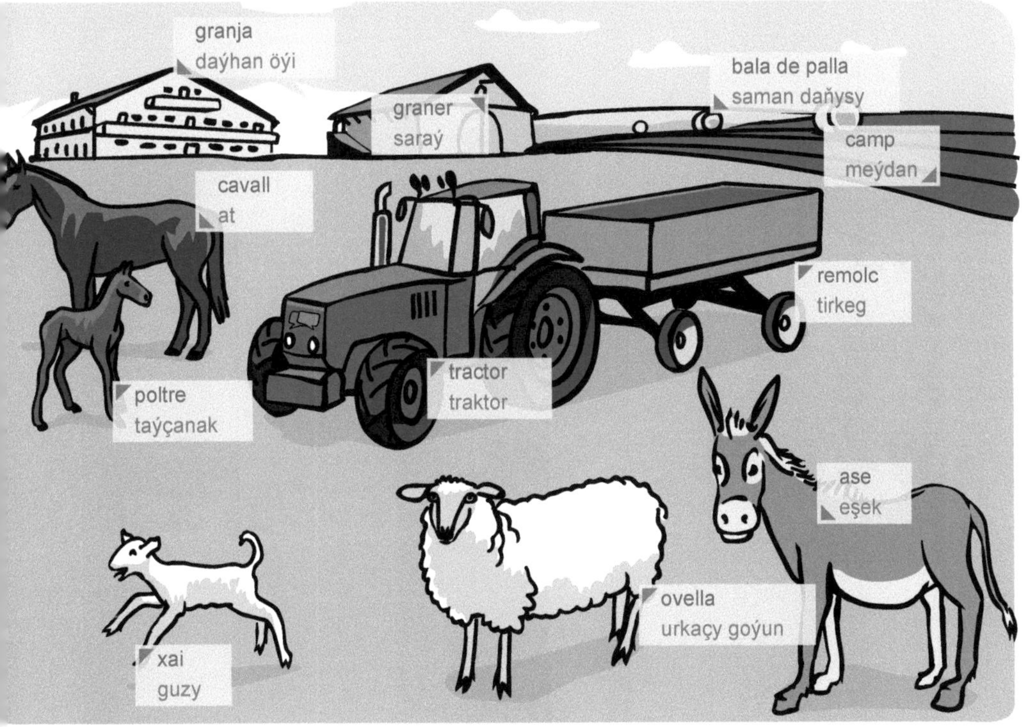

granja
daýhan öýi
graner
saraý
bala de palla
saman daňysy
camp
meýdan
cavall
at
remolc
tirkeg
poltre
taýçanak
tractor
traktor
ase
eşek
ovella
urkaçy goýun
xai
guzy

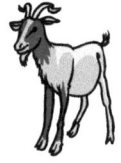

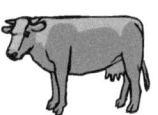

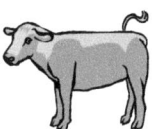

cabra

geçi

vaca

sygyr

vedella

göle

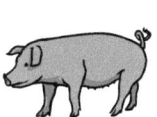

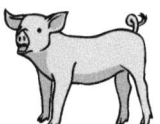

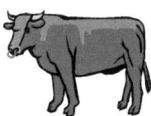

porc

doňuz

garrí

jojuk

bou

öküz

oca
gaz

ànec
ördek

poll
jüýje

gall
towuk

gallina
horaz

rata
alaka

gat
pişik

ratolí
syçan

bou
öküz

gos
it

gossera
it ýatagy

mànega de regar
bag şlangy

regadora
guýgyç

dalla
orak

arada
azal

falç
orak

aixada
kätmen

forca
dökün çarşagy

destral
palta

carretó
galtak

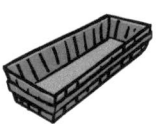

abeurador
kersen

lletera
süýt üçin tüññür

sac
halta

tanca
haýat

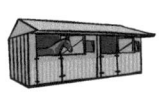

establa
çörek

hivernacle
ýyladyşhana

sòl
toprak

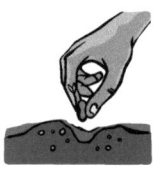

llavor
ekin

adob
dökün

collidora
kombaýn

collir
hasyl ýygnamak

collita
galla

nyam
ýams

blat
bugdaý

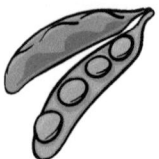

soja
soýa

patata
ýeralma

blat de moro o d'indi
mekgejöwen

colza
raps

arbre fruiter
miwe agajy

mandioca
manioka

cereals
däneli ösümlikler

fumera
tüsseçykar

teulada
üçek

canaló
suw akdyrylýan tarnaw

finestra
penjire

garatge
ulagjaý

campana
jaň

porta
gapy

galleda de les escombraries
hapa atylýan bedre

bústia de correu
poçta gutusy

jardí
bag

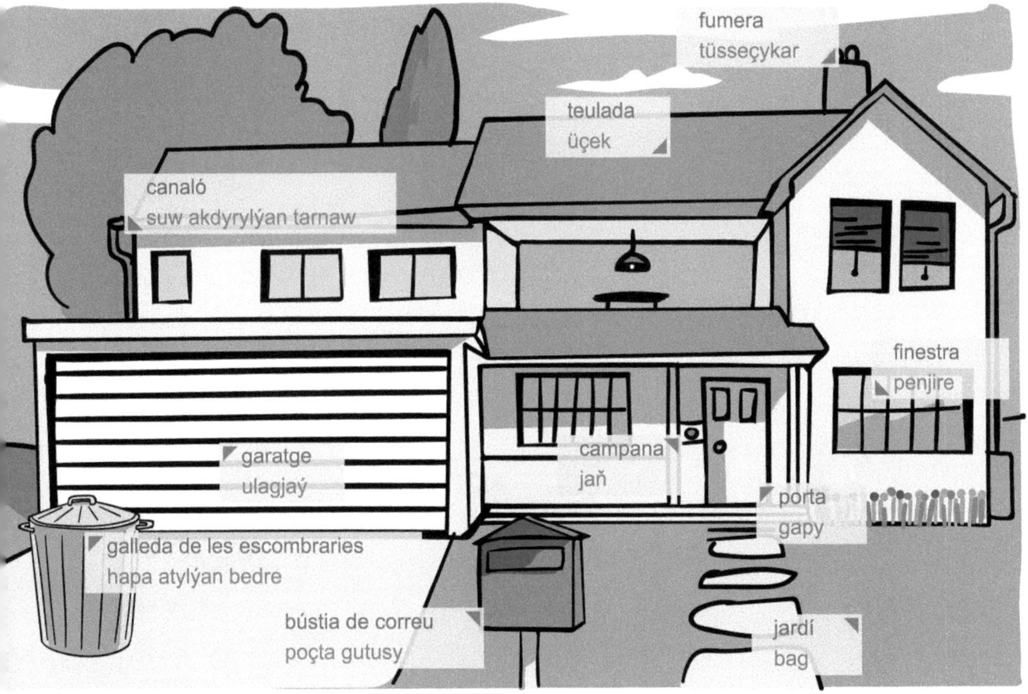

sala d'estar

myhman otagy

bany

wanna otagy

cuina

aşhana

cambra de dormir

ýatalga otagy

cambra de nen

çaga otagy

menjador

naharhana

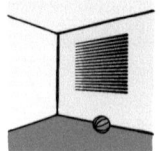

sòl
....
pol

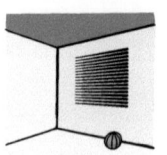

paret
....
diwar

sostre
....
potolok

soterrani
....
ýerzemin

sauna
....
hamam

balcó
....
balkon

terrassa
....
eýwan

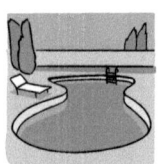

piscina
....
howdan

tallagespa
....
gazon orujy

vànova
....
ýorgan daşlygy

cobrellit
....
örtgi

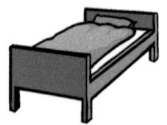

llit
....
ýatakça

escombra
....
sübse

galleda
....
bedre

interruptor
....
öçüriji

sala d'estar
myhman otagy

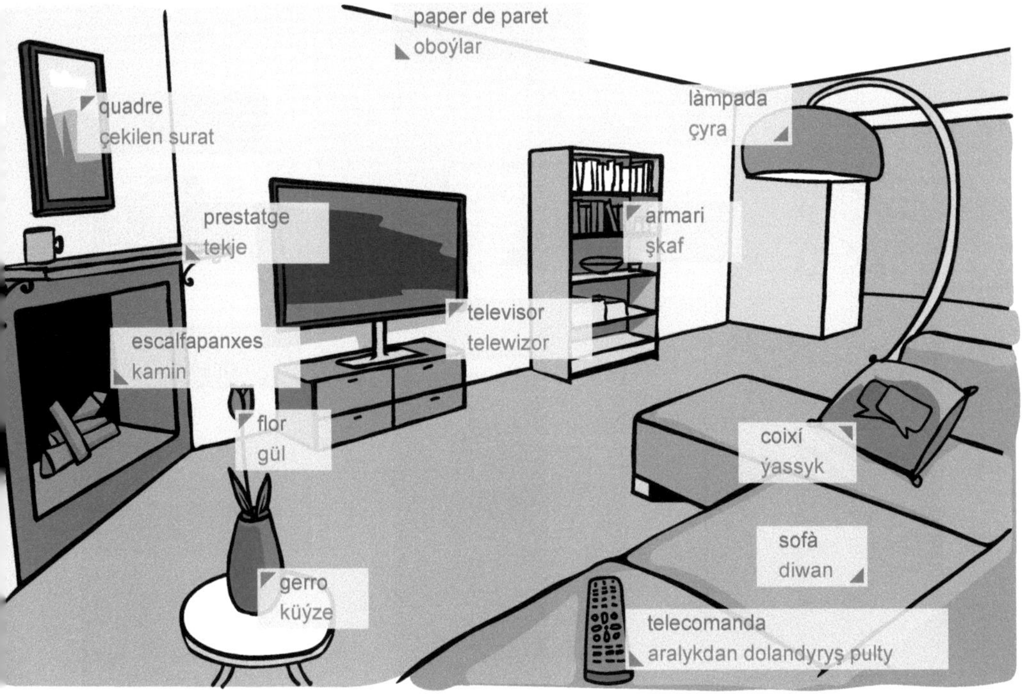
paper de paret
oboýlar
quadre
çekilen surat
làmpada
çyra
prestatge
tekje
armari
şkaf
televisor
telewizor
escalfapanxes
kamin
flor
gül
coixí
ýassyk
sofà
diwan
gerro
küýze
telecomanda
aralykdan dolandyryş pulty

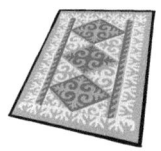

catifa
haly

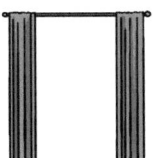

cortina
tuty

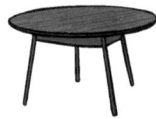

taula
stol

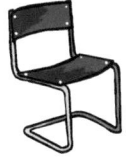

cadira
oturgyç

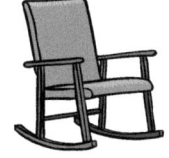

cadira gronxadora
öňe-yza gaýdýan kürsi

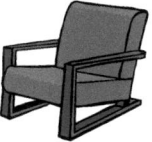

cadiral
kürsi

llibre
kitap

llençol
örtgi

decoració
bezeg

llenya
odun

film
film

cadena de música
stereo ulgam

clau
açar

diari
gazet

pintura
surat

cartell
ündewsurat

ràdio
radio

bloc de notes
bloknot

aspiradora
tozan sorujy

cactus
kaktus

candela
şem

cuina
aşhana

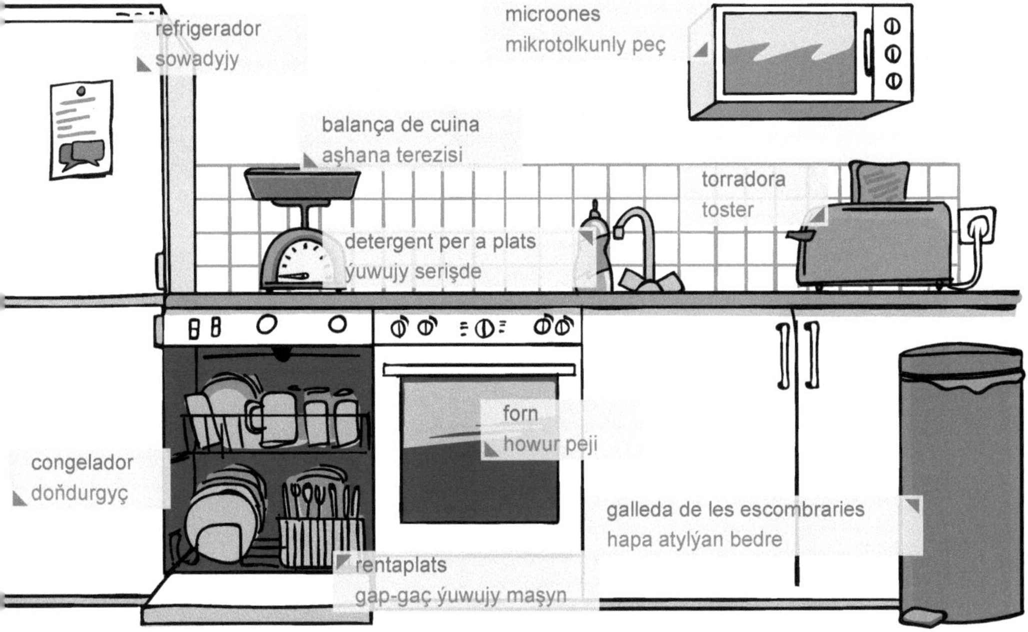
refrigerador
sowadyjy
microones
mikrotolkunly peç
balança de cuina
aşhana terezisi
torradora
toster
detergent per a plats
ýuwujy serişde
forn
howur peji
congelador
doňdurgyç
galleda de les escombraries
hapa atylýan bedre
rentaplats
gap-gaç ýuwujy maşyn

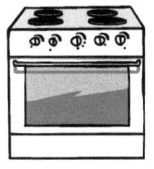

cuina de fogons
plita

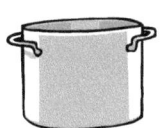

olla
piti

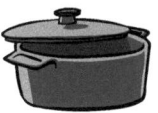

olla de ferro colat
çoýun gazany

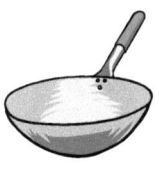

wok / karahi
wok / kadaý

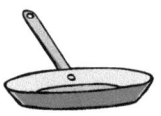

paella
saç

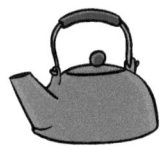

bullidor
çäýnek, kitir

olla de vapor

bugda bişiriji

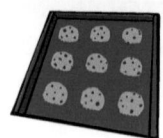

plata de forn

protiwen

vaixella

gap-gaç

tassa grossa

kürşge

bol

jam

bastonets xinesos

nahar iýilýän taýajyklar

culler

susak

espàtula

piljagaz

batedor

ýaýylýan maşyn

colador

elek

sedàs

elek

ratllador

gyrgyç

morter

soky

barbacoa

gril

foc a terra

ot

taula de tallar

tagta

corró

oklaw

llevataps

ştopor

pot de conserva

tüneke banka

obridor

konserwa pyçagy

agafador

tutguç

aigüera

rakowina

raspall

çotga

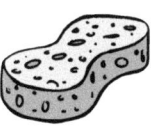

esponja

gubka

batedora

mikser

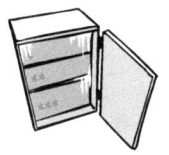

congelador

doňdurma kamerasy

biberó

çagany iýmitlendirmek üçin çüýşejik

aixeta

kran

bany

wanna otagy

calefacció
ýyladyş
dutxa
duş
tovallola
süpürgiç
cortina de dutxa
duş üçin tuty
bany de bombolles
köpürjikli wanna
banyera
wanna
got
bulgur
rentadora
kir ýuwulýan maşyn
aixeta
kran
rajoles
plitka
orinal
küýze
aigüera
rakowina

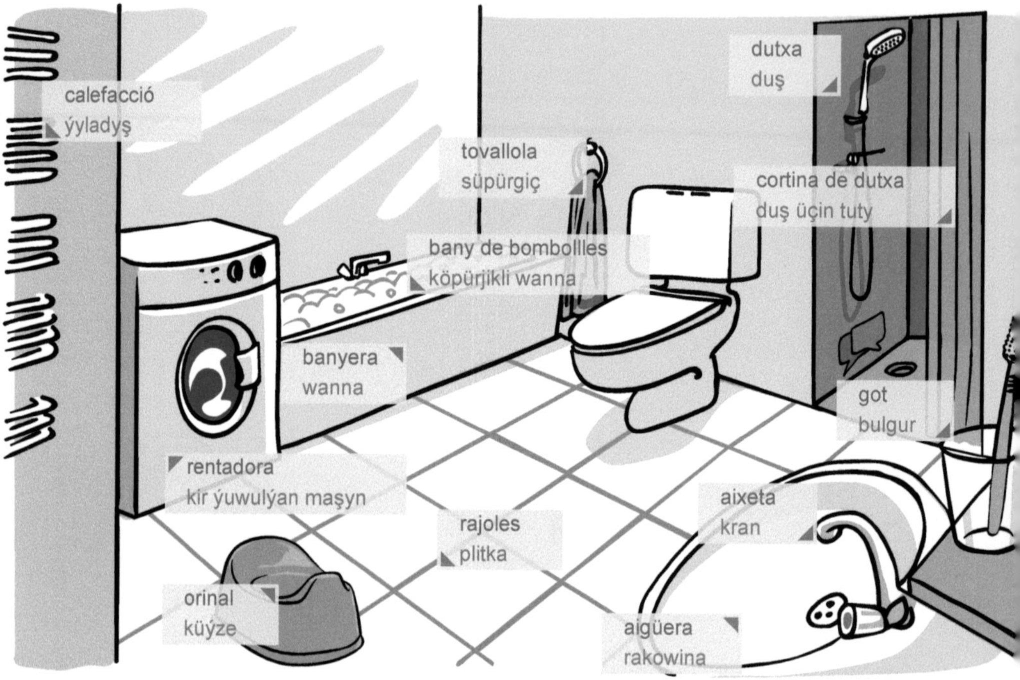

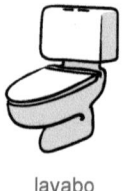

lavabo

hajathana

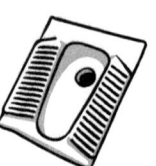

lavabo turc

polda oturdylýan unitaz

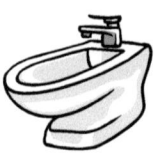

bidet

bide

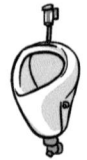

orinador

pissuar

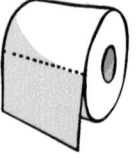

paper higiènic

hajathana kagyzy

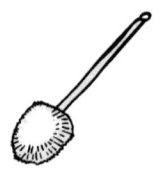

escombreta de sanitari

hajathana çotgasy

raspall de dents

diş çotgasy

pasta de dents

diş pastasy

fil dental

diş sapagy

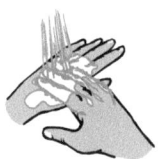

rentar

ÿuwmak

pom de dutxa

el duşy

dutxa íntima

şahsy duş

rentamans

legen

raspall per a l'esquena

arka üçin çotga

sabó

sabyn

gel de dutxa

duş üçin gel

xampú

şampun

manyopla de bany

moçalka

bonera

akyş

crema

krem

desodorant

dezodorant

mirall

aýna

mirall-espill de mà

el aýnasy

maquineta de rasar

päki

espuma de barbejar

sakgal syrmak üçin köpürjik

loció post-rasada

sakgal syrylanyndan soňky losýon

pinta

darak

raspall

çotga

eixugador

fen

laca

saç üçin lak

maquillatge

kosmetika

pintallavis

dodaga çalynýan reňk

esmalt d'ungles

dyrnaga çalynýan reňk

cotó

pamyk

tallaungles

manikýur gaýçysy

perfum

atyr

estoig de bellesa

kosmetika üçin gutujyk

tamboret

oturgyç

bàscula

terezi

barnús

halat

guants de goma

rezin ellik

compresa higiènica

tampon

compresa

gigiýena prokladkasy

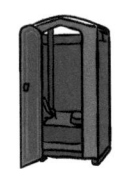

sanitari químic

biohajathana

cambra de nen
çaga otagy

despertador
oýaryjy
animal de peluix
ýumşak oýnawaç
auto de joguina
oýnawaç awtoulag
sonall
şakyrdawukly oýnawaç
casa de nines
gurjak öýi
present
sowgat

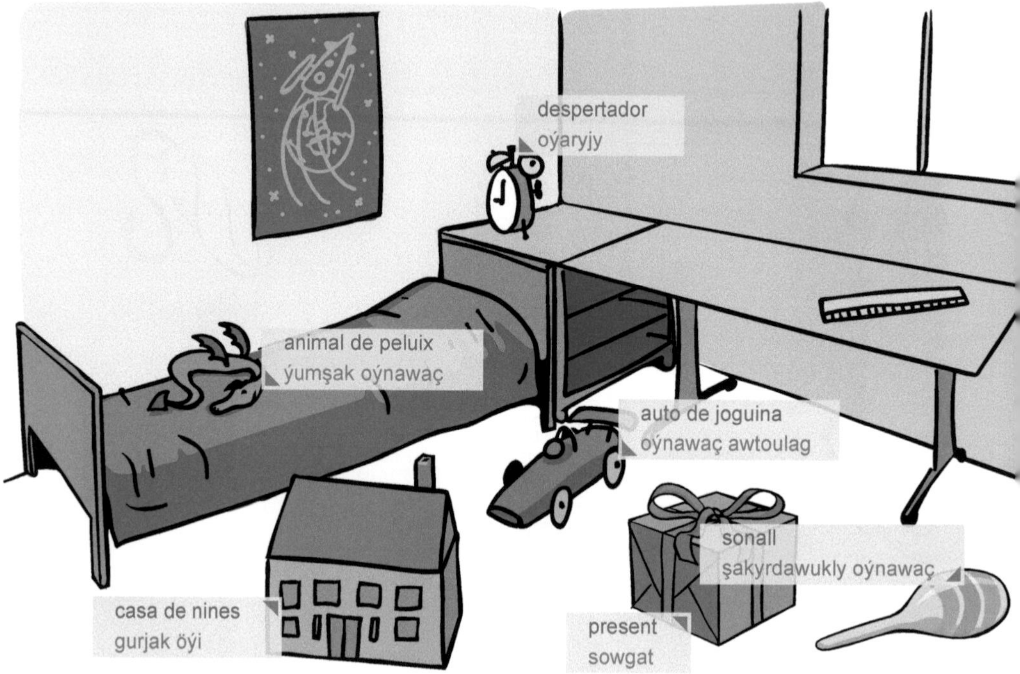

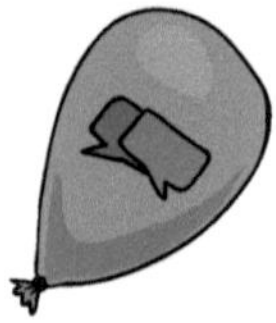

baló
howaly şar

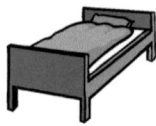

llit
ýatakça

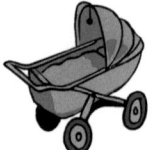

cotxet per a nens
çaga arabasy

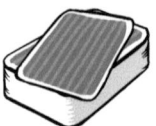

joc de cartes
kart oýny

trencaclosca
pazl

SUPER
MEGA

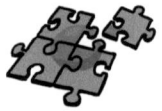

historieta
komiks

peces de lego
Lego kerpiçleri

peces de construcció
kubikler

ninot d'acció
oÿnawaç şekil

granota
çagalar üçin joraply balak

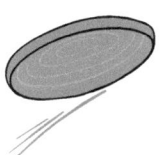

frisbee
frisbi

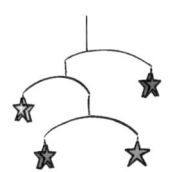

mòbil per a bressol
mobile

joc de taula
stolüsti oÿun

daus
kubik

tren elèctric
demir ÿolunyň modeli

xumet
soska

festa
şagalaň

llibre de dibuixos
şekilli kitap

pilota
top

nina
gurjak

jugar
oÿnamak

sorrera

çäge aýmança

gronxador

hiňňildik

joguines

oýnawaç

consola de jocs de vídeo

oýun pristawkasy

tricicle

üç tigirli welosiped

osset de peluix

plýuşadan aýyjyk

armari

egin-eşik üçin şkaf

roba

egin-eşik

mitjons

jorap

mitges

çulki

mitja pantaló

kolgotka

tapacoll
şarf

cintura
kemer

paraigua
saýawan

camiseta
futbolka

botes
ädik

plantofes
öý şypbygy

sabates d'esport
krossowka

sandàlies
sandaliýa

sabates
aýakgap

botes de goma
rezin ädik

calçonets
türsük

sostenidor
göwüslik

guardapits
maýka

roba - egin-eşik   45

jjustacòs

bodi

pantalons

jalbar

jeans

jins

faldeta

ýubka

brusa

bluzka

camisa

köýnek

jersei

switer

dessuadora

switer

blazer

sport keltekçesi

jaqueta

žaket

mantell

palto

impermeable

plaş

vestit de dona

kostýum

vestit de dona

köýnek

vestit de núvia

toý köýnegi

vestit d'home

erkek üçin kostýum

camisa de dormir

ýatyş köýnegi

pijama

pižama

sari

sari

mocador de cap

ýaglyk

turbant

selle

burca

perenji

caftan

kaftan

abaia

abaýa

vestit de bany

suwa düşmek üçin lybas

calçon(et)s de bany

plawki

pantalons curts

şorty

xandall

sport lybasy

davantal

öňlük

guants

ellik

botó
ilik

ulleres
äÿnek

braçalet
bilezik

collaret
zynjyr

anell
ÿüzük

orellera
syrga

casquet
papak

penjador
geÿim asgyç

capell
şlÿapa

corbata
galstuk

cremallera
syrma

casc
şlem

elàstics
egnaşyr kemer

uniforme escolar
mekdep lybasy

uniforme
lybas

pitet
çaga döşlügi

xumet
soska

bolquer
arlyk

oficina
ofis

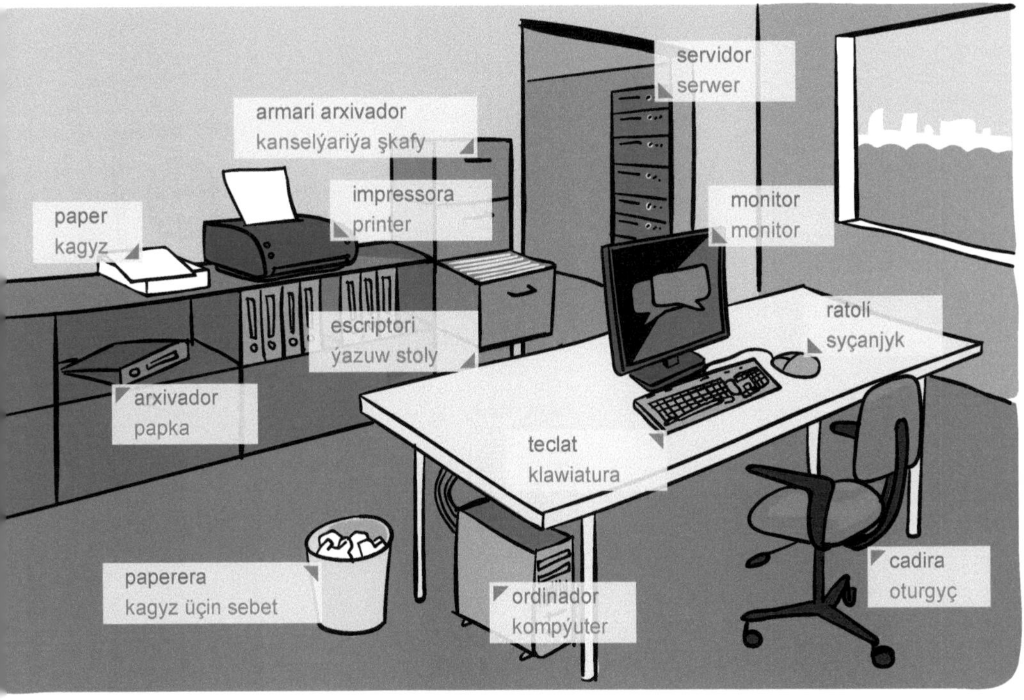

servidor
serwer

armari arxivador
kanselýariýa şkafy

impressora
printer

paper
kagyz

monitor
monitor

escriptori
ýazuw stoly

ratolí
syçanjyk

arxivador
papka

teclat
klawiatura

paperera
kagyz üçin sebet

ordinador
kompýuter

cadira
oturgyç

tassa de cafè
kofe kružkasy

calculadora
kalkulýator

Internet
internet

ordinador portàtil

noutbuk

lletra

hat

missatge

habar

mòbil

öÿjükli telefon

xarxa

tor

fotocopiadora

kseroks

programari

programma

telèfon

telefon

presa de corrent

rozetka

fax

faks

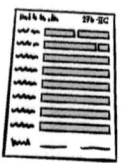

formulari

formulýar

document

resminama

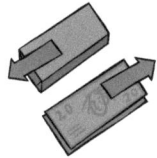

comprar

satyn almak

pagar

tölemek

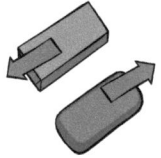

comerciar

söwda etmek

diners

pul

USD

dòlar

dollar

EUR

euro

ýewro

JPY

ien

iena

RUB

ruble

rubl

CHF

franc suís

frank

CNY

renminbi

ženminbi ýuan

INR

rupia

rupiýa

caixa automàtica

bankomat

oficina de canvi

walýuta çalyşmak üçin bent

or

altyn

argent

kümüş

petroli

nebit

energia

energiýa

preu

baha

contracte

şertnama

impost

salgyt

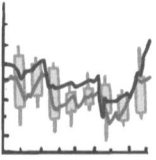

acció

paýnama

treballar

işlemek

treballador

gullukçy

empresari

iş beriji

fàbrica

fabrik

botiga

dükan

oficis
hünärler

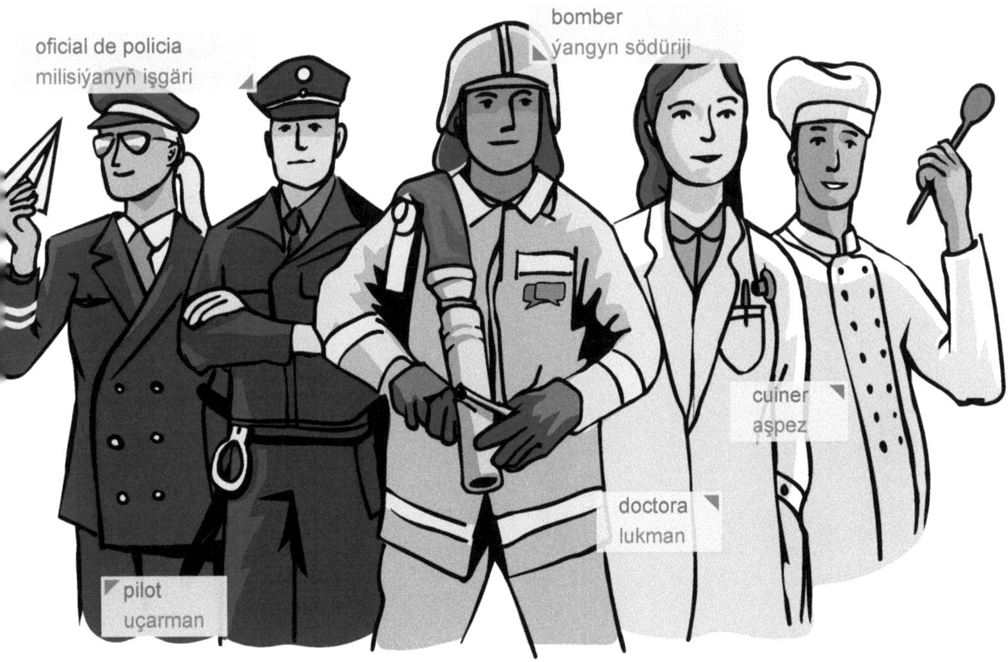

oficial de policia
milisiýanyň işgäri
bomber
ýangyn söndüriji
cuiner
aşpez
doctora
lukman
pilot
uçarman

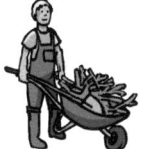

jardiner
bagban

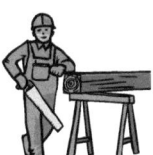

fuster
agaç ussasy

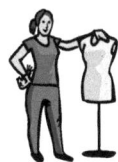

costurera
tikinçi

jutge
kazy

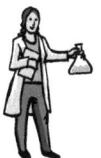

química
himik

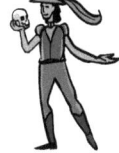

actor
aktýor

conductor d'autobús

awtobus sürüjisi

taxista

taksiçi

pescador

balykçy

dona de la neteja

tam süpüriji

ensostrador

üçek basyrýan ussa

cambrer

ofisiant

caçador

awçy

pintor

suratçy

forner

çörekçi

electricista

elektrik

obrer de la construcció

gurluşykçy

enginyer

inžener

carnisser

gassap

llanterner

santehnik

correu

hatçy

soldat
esger

arquitecte
binagär

caixera
pulhanaçy

florista
floraçy

perruquer
dellekçi

revisor
konduktor

mecànic
mehanik

capità
kapitan

dentista
diş lukmany

científic
alym

rabí
rawwin

imam
imam

monjo
monah

capellà
ruhany

eines

gurallar

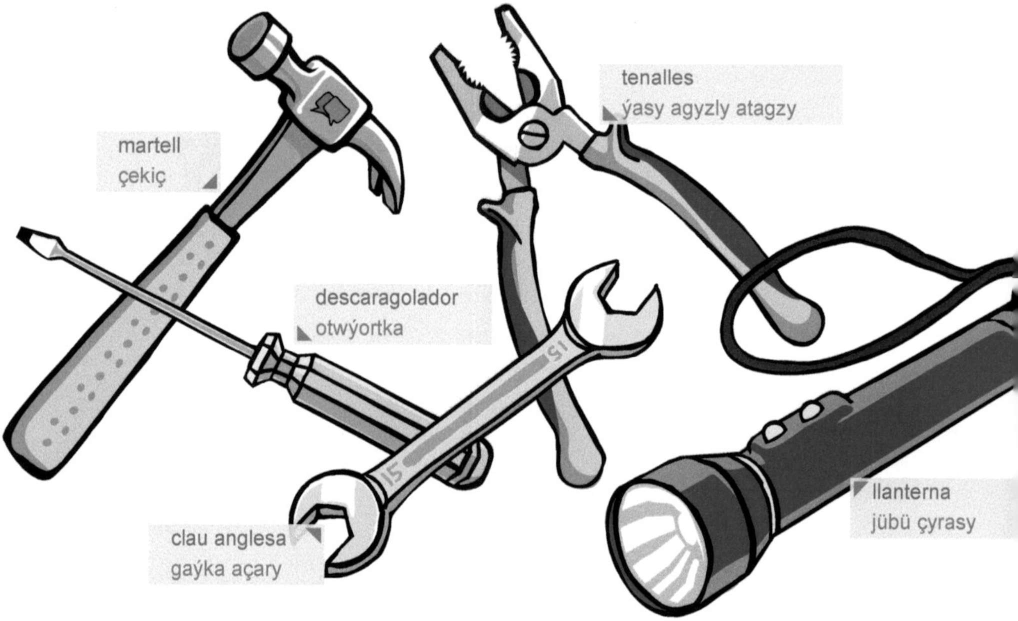

martell
çekiç
tenalles
ýasy agyzly atagzy
descaragolador
otwýortka
clau anglesa
gaýka açary
llanterna
jübü çyrasy

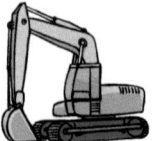

excavadora

ekskawator

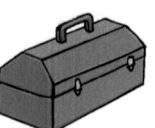

caixa d'eines

gurallar üçin gap

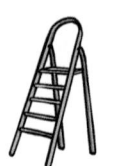

escala

merdiwan

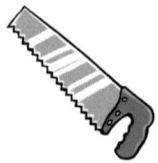

serra

byçgy

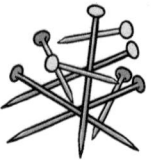

claus

çüýler

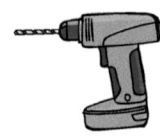

trepant

drel

reparar
abatlamak

pala
pil

Maleït siga!
Bolmandyr!

pala
susguç

pot de pintura
boýagly bedre

caragols
nurbatlar

instrument de música
saz gurallary

altaveu
batly gürleýji

bateria
kakylyp çalynýan saz guraly

guitarra
gitara

contrabaix
kontrabas

trompeta
turba

piano

pianino

violí

skripka

baix

bas-gitara

timbal

nagara

tambor

deprek

teclat

sintezator

saxofon

saksafon

flauta

fleýta

micròfon

mikrofon

zoo
haýwanat bagy

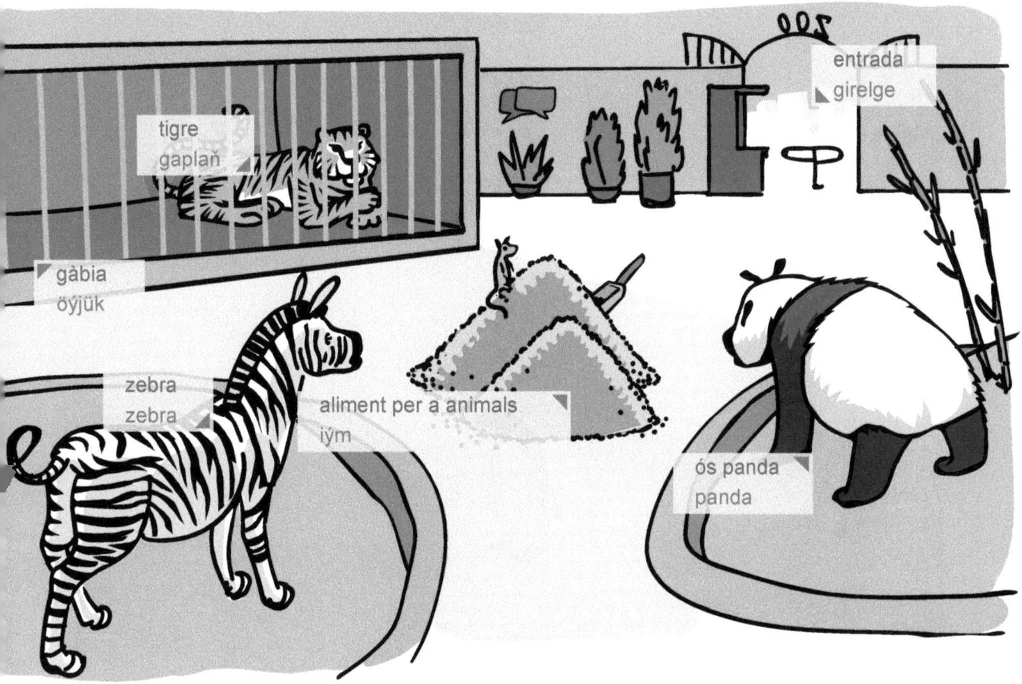

zoo
entrada
girelge
tigre
gaplaň
gàbia
öýjük
zebra
zebra
aliment per a animals
iým
ós panda
panda

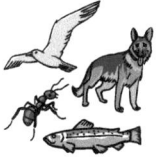

animals
haýwanlar

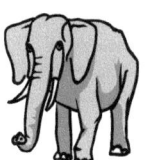

elefant
pil

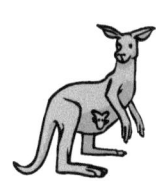

cangurú
kenguru

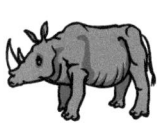

rinoceront
nosorog

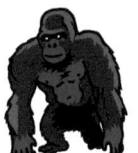

goril·la
gorilla

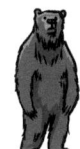

ós
aýy

camell

düýe

estruç

düýeguş

lleó

ýolbars

simi

maýmyn

flamenc

gyzylinjik

papagai

hindiguş

ós polar

ak aýy

pingüí

pingwin

ca mari

akula

paó

tawus

serp

ýylan

cocodril

krokodil

guardià del zoo

haýwanat bagynyň
gullukçysy

foca

düwlen

jaguar

ýaguar

zoo - haýwanat bagy

poni
poni

lleopard
gaplaň

hipopòtam
begemot

girafa
žiraf

àliga
bürgüt

senglar
ýekegapan

peix
balyk

tortuga
pyşbaga

morsa
suwpişik

guineu
tilki

gasela
jeren

futbol americà
amerikan

ciclisme
tigir sürmek

tenis
tennis

bàsquet
basketbol

natació
ýüzme

hoquei sobre gel
hokkeý

boxa
boks

futbol americà
futbol

bàdminton
badminton

atletisme
ýeňil atletika

handbol
gandbol

esquí
lyža sporty

polo
polo

activitats

hereket

riure
gülmek
saltar
bökmek
abraçar
gujaklamak
anar
gitmek
cantar
aýdym aýtmak
somiar
arzuw etmek
pregar
dilemek
fer un petó
öpmek

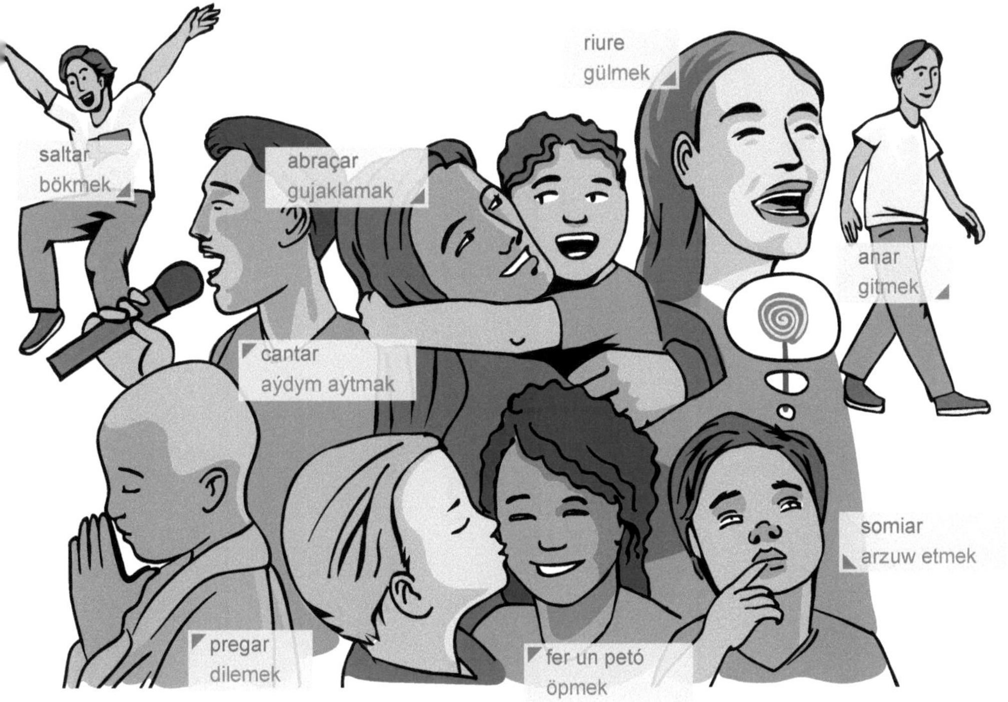

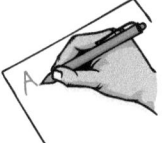

escriure

ýazmak

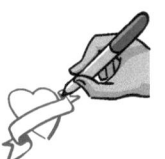

dibuixar

surat çekmek

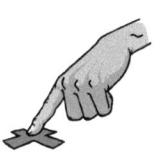

mostrar

görkezmek

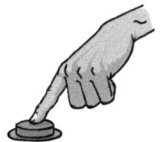

pitjar

basmak

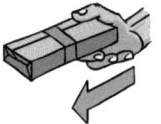

donar

bermek

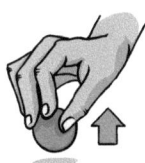

prendre

almak

tenir

eýe bolmak

fer

etmek

ésser

bolmak

estar dret

durmak

córrer

ylgamak

estirar

çekmek

llançar

taşlamak

caure

gaçmak

jeure

ýatmak

esperar

garaşmak

portar

götermek

asseure's

oturmak

vestir-se

geýmek

dormir

ýatmak

despertar-se

oýanmak

mirar
....
görmek

plorar
....
aglamak

amoixar
....
sypalamak

pentinar
....
daramak

parlar
....
gürlemek

comprendre
....
düşünmek

demanar
....
soramak

escoltar
....
diňlemek

beure
....
içmek

menjar
....
iýmek

endreçar
....
tertipleşdirmek

estimar
....
söýmek

cuinar
....
taýýarlmak

conduir
....
gitmek

volar
....
uçmak

navegar

ýelkeni ýaýyp gitmek

calcular

hasaplamak

llegir

okamak

aprendre

okamak

treballar

işlemek

casar-se

nikalaşmak

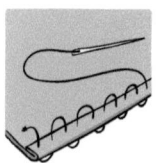

cosir

dikmek

raspallar-se les dents

dişiňi arassalamak

matar

öldürmek

fumar

çilim çekmek

enviar

ugratmak

família
maşgala

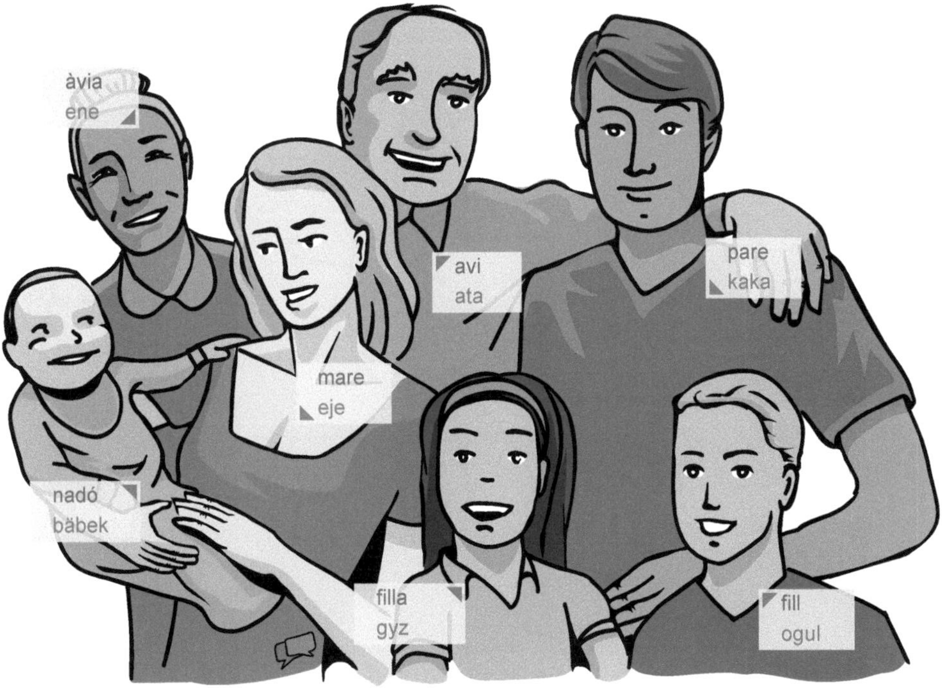

àvia
ene
avi
ata
pare
kaka
mare
eje
nadó
bäbek
filla
gyz
fill
ogul

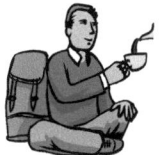

convidat
myhman

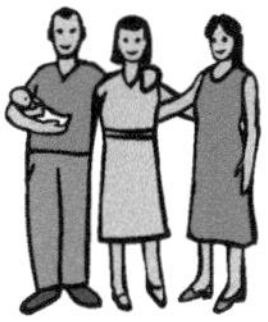

tia
daýza

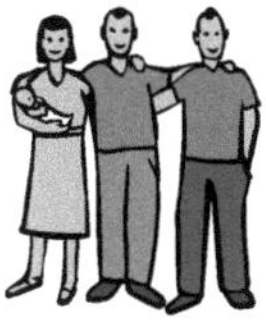

oncle
daýy

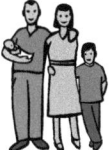

germà
aga

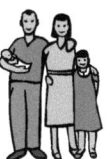

germana
uýa

cos

ten

front
maňlaý
ull
göz
espatlla
egin
dit
barmak
cara
ýüz
barbeta
äň
mà
penje
pit
döş
cama
aýak
braç
el

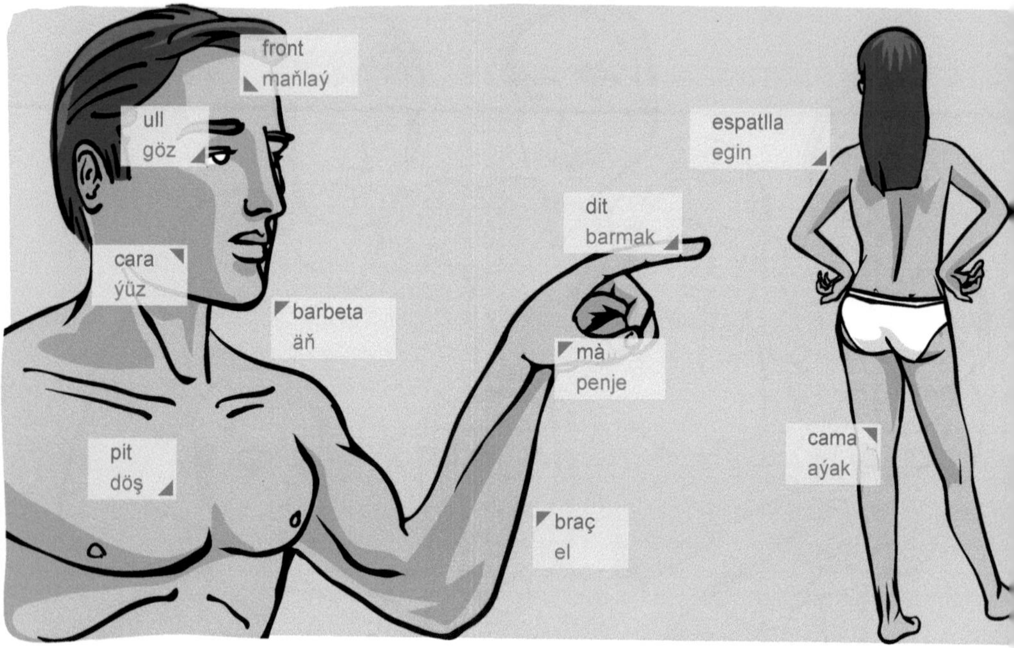

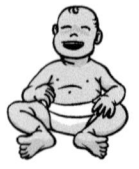

nadó

bäbek

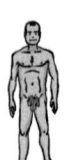

home

erkek

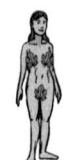

dona

aýal

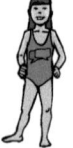

noia

gyz

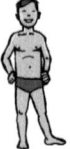

noi

oglan

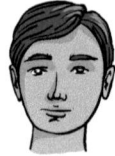

cap

kelle

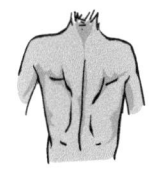

esquena

arka

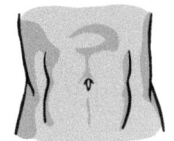

panxa

garyn

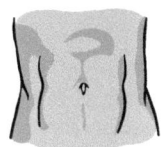

melic

göbek

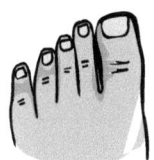

dit gros del peu

aýak barmagy

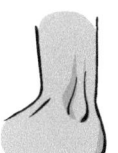

taló

ökje

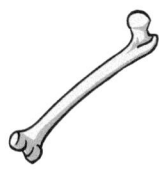

os

süňk

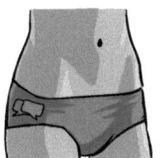

maluc

but

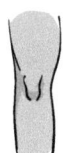

genoll

dyz

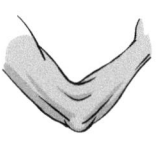

colze

tirsek

nas

burun

cul

ýanbaş

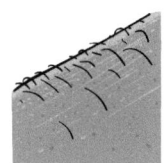

pell

deri

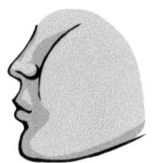

galta

ýaňak

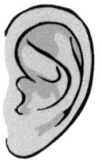

orella

gulak

llavi

dodak

boca
agyz

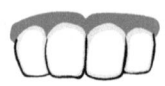

dent
diş

llengua
dil

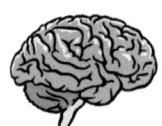

cervell
beýni

cor
ýürek

múscul
myşsa

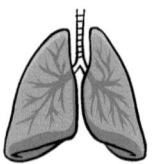

pulmó
öýken

fetge
bagyr

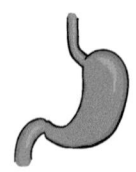

estómac
aşgazan

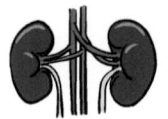

ronyó
böwrek

relació sexual
jyns ýakynlygy

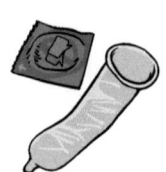

preservatiu
prezerwatiw

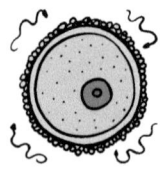

ovari
erkeklik jyns öýjügi

semen
tohumlyk

prenyat
göwrelilik

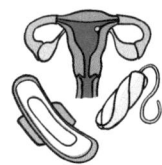

menstruació
bil açylma

vagina
wagina

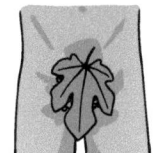

penis
erkek jyns agzasy

cella
gaş

cabells
saç

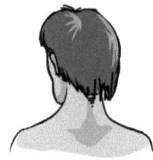

coll
boýun

hospital
hassahana

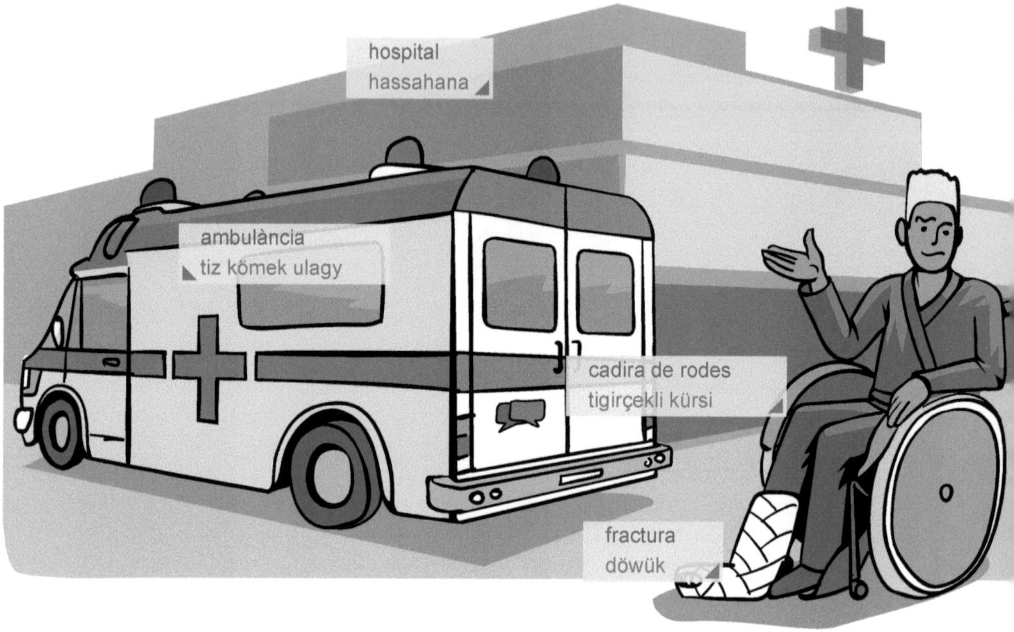

hospital
hassahana
ambulància
tiz kömek ulagy
cadira de rodes
tigirçekli kürsi
fractura
döwük

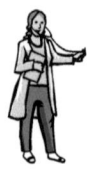

doctora

lukman

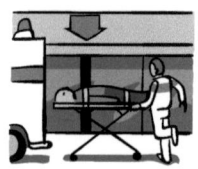

sala d'urgències

ilkinji kömek nokady

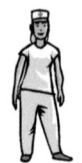

infermera

şepagat uýasy

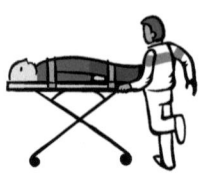

urgència

gaýragoýulmasyz ýagdaý

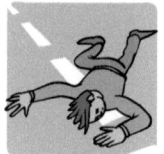

inconscient

özüni bilmän

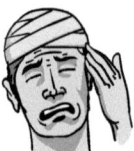

dolor

agyry

ferida

zeper ýetme

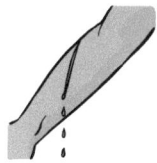

sagnament

gan akmasy

atac de cor

infarkt

apoplexia

insult

al·lèrgia

allergiýa

tos

üsgülik

febre

ýokarlanan temperatura

gripa

dümew

diarrea

içgeçme

mal de cap

kelle agyrysy

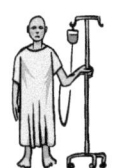

càncer

rak

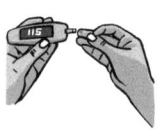

diabetis

diabet

cirurgià

hirurg

escalpel

skalpel

operació

operasiýa

hospital - hassahana

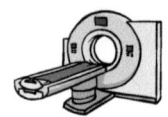

tomografia computada (TC),
TAC

iýmit siňdirýän ortlaryň jemi

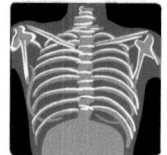

raigs x

rentgen

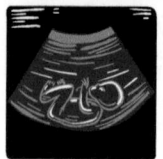

ultrasò

ultrases

mascareta

maska

malaltia

kesel

sala d'espera

kabulhana

crossa

pişek

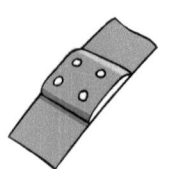

tireta

plastyr

embenat

bint

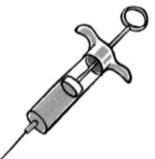

injecció

sanjym

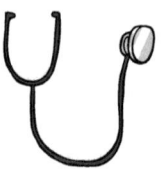

estetoscopi

stetoskop

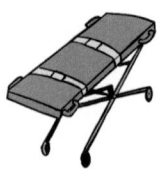

llitera

zemmer

termòmetre clínic

termometr

pariment

dogluş

sobrepès

artykmaç agram

aparell auditiu

eşidiş abzaly

desinfectant

zyýansyzlandyryjy serişde

infecció

ýokanç

virus

wirus

VIH / SIDA

WIÇ/ AIDS

medicina

derman

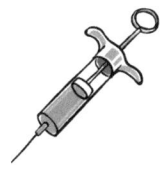

vaccí

öňüni alyş sanjymy

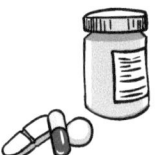

comprimits

gerdejikler

píl·lola

göwreli bolmakdan goraýan gerdejik

trucada d'urgència

gaýragoýulmasyz çagyryş

tensiòmetre

gan basyşyny ölçeýji abzal

malalt / sà

näsag / sagdyn

Socors!

Kömek ediň!

alarma

howsala signaly

assalt

çozuş

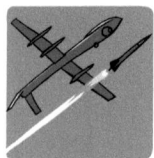

atac

hüjüm

perill

howp

sortida-eixida d'urgència

ätiýaçlyk çykalgasy

Foc!

Ýangyn!

extintor

ot söndürijisi

accident

betbagtçylykly ýagdaý

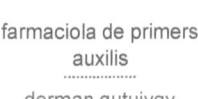

farmaciola de primers
auxilis

derman gutujygy

SOS

SOS

policia

milisiýa

Europa

Ýewropa

Amèrica del Nord

Demirgazyk Amerika

Amèrica del Sud

Günorta Amerika

Àfrica

Afrika

Àsia

Aziýa

Austràlia

Awstraliýa

Atlàntic

Atlantika ummany

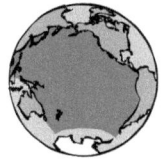

Pacífic

Ýuwaş umman

Oceà Índic

Hindi ummany

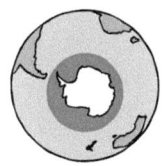

Oceà Antàrtic

Antarktika ummany

Oceà Àrtic

Demirgazyk Buzly umman

pol nord

Demirgazyk polýusy

pol sud

Günorta polýusy

Antàrtida

Antarktida

terra

zemin

país

gury ýer

mar

deñiz

illa

ada

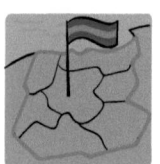

nació

millet

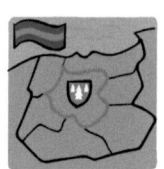

estat

döwlet

quadrant

siferblat

agulla de les hores

sagadyň dili

agulla dels minuts

minut görkezÿän dil

agulla dels segons

sekundy görkezÿän dil

Quina hora és?

sagat näçe?

dia

gün

temps

wagt

ara

häzir

rellotge digital

elektron sagady

minut

minut

hora

sagat

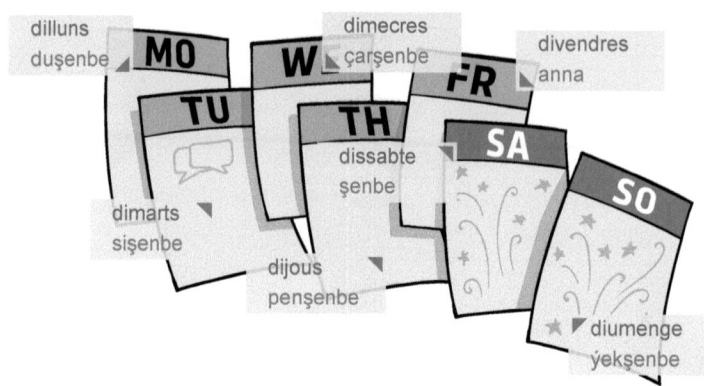

dilluns
duşenbe

dimecres
çarşenbe

divendres
anna

dimarts
sişenbe

dissabte
şenbe

dijous
penşenbe

diumenge
ýekşenbe

ahir

düýn

avui

şu gün

demà

ertir

matí

säher

migdia

günortan

tarda

agşamlyk

MO	TU	WE	TH	FR	SA	SU
1	2	3	4	5	6	7
8	9	10	11	12	13	14
15	16	17	18	19	20	21
22	23	24	25	26	27	28
29	30	31	1	2	3	4

dia feiner

iş günler

MO	TU	WE	TH	FR	SA	SU
1	2	3	4	5	6	7
8	9	10	11	12	13	14
15	16	17	18	19	20	21
22	23	24	25	26	27	28
29	30	31	1	2	3	4

cap de setmana

dynç günler

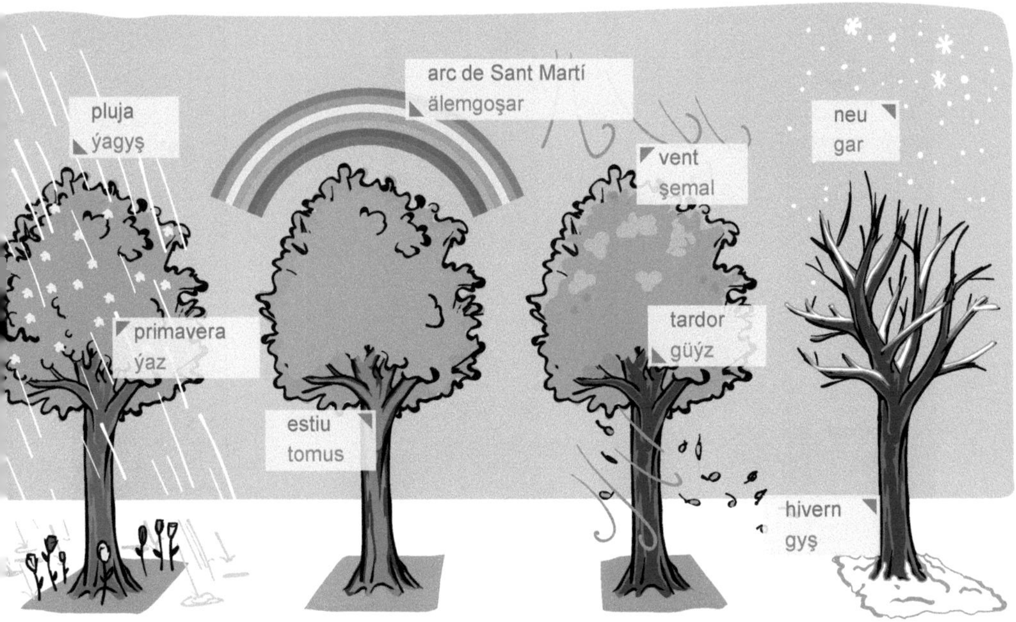

pluja
ýagyş

arc de Sant Martí
älemgoşar

neu
gar

vent
şemal

primavera
ýaz

estiu
tomus

tardor
güýz

hivern
gyş

4.APRIL	11°	☀
5.APRIL	4°	☁
6.APRIL	13°	⛅
7.APRIL	8°	☀
8.APRIL	10°	☀

pronòstic del temps

howa maglumaty

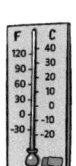

termòmetre

termometr

llum del sol

gün ýagtylygy

núvol

gara bulut

boira

ümür

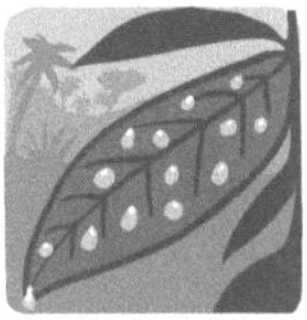

humiditat de l'aire

howanyň çyglylygy

llamp
ýyldyrym

tro
gök gümmürdisi

tempesta
tupan

calamarsa
doly

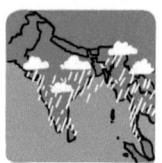

monsó
musson

inundació
suw alma

gel
buz

gener
ýanwar

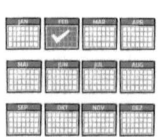

febrer
fewral

març
mart

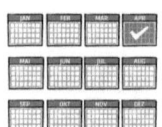

abril
aprel

maig
maý

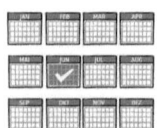

juny
iýun

juliol
iýul

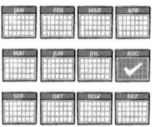

agost
awgust

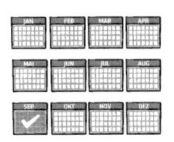

setembre
....
sentýabr

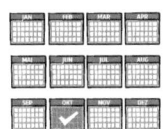

octubre
....
oktýabr

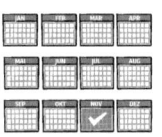

novembre
....
noýabr

desembre
....
dekabr

cercle
....
tegelek

quadrat
....
kwadrat

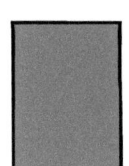

rectangle
....
göniburçluk

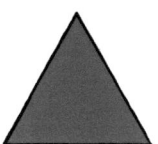

triangle
....
üçburçluk

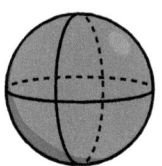

esfera
....
şar

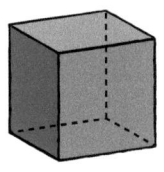

cub
....
kub

blanc

ak

groc

sary

taronja

mämişi

rosa

gülgüne

vermell

gyzyl

lila

liliýa reňkli

blau

gök

verd

ýaşyl

marró

goňur

gris

çal

negre

gara

molt / poc	emprenyat / tranquil	bonic / lleig
köp / az	gazaply / asuda	owadan / betnyşan

començament / fi	gran / petit	clar / fosc
başy / soňy	uly / kiçi	açyk / garaňky

germà / germana	net / brut	complet / incomplet
oglan dogan / gyz dogan	arassa / hapa	doly / doly däl

dia / nit	mort / viu	ample / estret
gündiz / gije	jansyz / diri	giň / dar

comestible / immenjable

iýilýän / iýilmeýän

dolent / amable

gaharly / dostlukly

entusiasmat / entediat

tolgunly / tukat

gros / prim

çişik / hor

primer / darrer

başda / soňunda

amic / enemic

dost / duşman

ple / buit

doly / boş

dur / tou

berk / ýumşak

pesant / lleuger

agyr / ýeňil

gana / set

açlyk / teşnelik

malalt / sà

näsag / sagdyn

il·legal / legal

bikanun / kanuny

intel·ligent / ximple

akyly / akmak

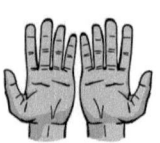

esquerra / dreta

çepde / sagda

prop / llunyà

ýakyn / daş

nou / usat

täze / ulanylan

res / quelcom

hiç zat / bir zat

vell / jove

garry / ýaş

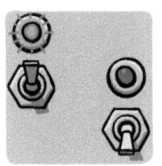

encès / apagat

ýakylan / söndürilen

obert / tancat

açyk / ýapyk

silenciós / sorollós

ýuwaş / gaty

ric / pobre

baý / garyp

correcte / incorrecte

dogry / nädogry

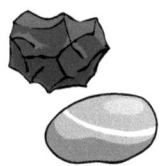

aspre / suau

büdür-südür / tekiz

trist / content

gamgyly / şatlykly

curt / llarg

gysga / uzyn

lent / ràpid

haýal / tiz

humit / sec - eixut

öl / gury

calent / fred

ýyly / sowuk

guerra / pau

uruş / parahatçylyk

nombres

sanlar

0

zero

nul

1

u

bir

2

dos

iki

3

tres

üç

4

quatre

dört

5

cinc

bäş

6

sis

alty

7

set

ýedi

8

vuit

sekiz

9

nou

dokuz

10

deu

on

11

onze

on bir

12

dotze
on iki

13

tretze
on üç

14

catorze
on dört

15

quinze
on bäş

16

setze
on alty

17

disset
on ýedi

18

divuit
on sekiz

19

dinou
on dokuz

20

vint
ýigrimi

100

cent
ýüz

1.000

mil
müň

1.000.000

milió
million

anglès

iňlis

anglès americà

amerikan iňlis

xinès mandarí

mandarin hytaý

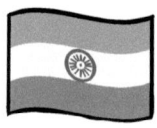

hindi

hindi

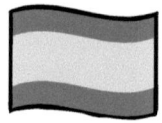

espanyol

ispan

francès

fransuz

àrab

arap

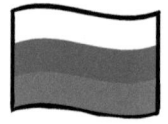

rus

rus

portuguès

portugal

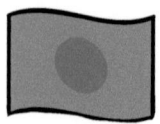

bengalí

bengal

alemany

nemes

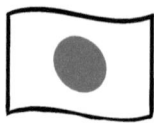

japonès

ýapon

jo

men

tu

sen

ell / ella / allò

ol (oglan) / ol (gyz) / ol
(jansyz zat)

nosaltres

biz

vosaltres

siz

ells

olar

qui?

kim?

què?

näme?

com?

nähili?

on?

nirede?

quan?

haçan?

nom

ady

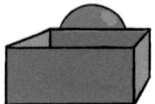

darrere

yzynda

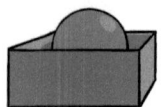

en

içinde

davant de

öňünde

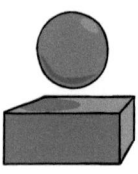

damunt

bir zadyň üsti

sobre

üstünde

sota

aşagynda

al costat

ýanynda

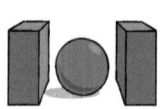

entre

arasynda

lloc

ýer